W0059780

Ich weiß einen Wundergarten

Dichterinnen über ihre Gärten

Jan Thorbecke Verlag

Inhalt

Sabah

Neunundsiebzig Rosensträucher
Habe ich in meinem Garten.
Allerlei vertrackte Sorten:
Über-Unter-Nebenarten.

Nicht mal weiß ich, wie sie heißen.
Ich bin keine Gärtnerin.
Doch die Namenlosen reißen
Mich zum Namengeben hin.

Porzellanenweiße Schöne
Mit den morgenroten Rändern,
Rein wie erstgedachte Töne:
Nicht in südlich reichen Ländern

Habe ich dich je gekannt!
Erst mein träumerisches Mühen
Ließ aus unserm armen Sand
Morgenröte auferblühen.

Morgenröte sei der Name!
Sabah will ich sie benennen!
Neunundsiebzig Rosenseelen
Solln in meinen Namen brennen.

Eva Strittmatter (1930–2011)

Die Pracht der Gärten aber hat stets die Liebe zur Natur zur Voraussetzung.

Madame de Staël (1766–1817), Über Deutschland

Fülle von Schönheit und vollkommener Harmonie

Ach, ich könnte vor Freude jauchzen und tanzen, daß der Frühling da ist! Dieses Wiedererwachen von Schönheit in meinem Garten und heller Zuversicht in meinem Herzen! Den strahlenden Osterfeiertag habe ich ganz im Freien verbracht, zuerst zwischen Anemonen und Scharbockskraut sitzend, später dann spazierte ich mit den Kleinen zum Hirschwald, um zu sehen, was der Frühling dort vollbracht hatte; und der Nachmittag war so warm, daß wir lange Zeit auf dem Gras lagerten und durch die kahlen Zweige der Sandbirken zu den weichen, prallen Wölkchen hinaufblinzelten, die fast regungslos im Blau dahinglitten. Wir tranken Tee auf der sonnigen Wiese, und als es spät wurde und die Kinder im Bett lagen und all die kleinen Anemonen sich für die Nacht zusammengefaltet hatten, wanderte ich noch auf den grünen Wegen umher, von Herzen dankbar und glücklich. Man wird ganz demütig, wenn man sich von solch einer Fülle von Schönheit und vollkommener Harmonie umgeben sieht, die einem großzügig von Unbekannt geschenkt wird, und wenn man an die unbeschreibliche Armseligkeit unserer eigenen widerwilligen Mildtätigkeit denkt und

wie unzufrieden wir sind, wird sie nicht prompt und gebührend gewürdigt. Ich hoffe mit aller Zuversicht, daß ich mit der Zeit der immerwährenden Segnung, die von meinem Garten ausgeht, würdiger werde und zunehme an Huld und Geduld und an Fröhlichkeit, wie die glücklichen Blumen, die ich so sehr liebe.

Elizabeth von Arnim (1866–1941), Tagebuch

Und wieder sind aus grüner Blätterfülle

Und wieder sind aus grüner Blätterfülle
Viel Blumen zauberhaft hervorgeeilt,
Sie drängen sich heraus in Pracht und Fülle
Als hätten sie zu lang versteckt geweilt,
Und schauen auf, so wie vom Meeresgrund,
Dem grünen, holde Feen sich erheben
Und lockend grüßen, grüßt der Blumenmund
Und läßt statt Seufzer süße Düfte schweben. [...]

Louise Otto-Peters (1819–1895), Die Rose

Am Abend fing die rosa Hyazinthe

Am Abend fing die rosa Hyazinthe
süß zu duften an
und unaufhaltsam entströmte ihr die Seele.

Nie wieder kehrte sie zurück zur welken Blüte.

Wer aber klagte über dies –

Nur mit Entzücken erinnern wir uns ihrer
um zu sagen
o wie unvergeßlich süß
die rosa Hyazinthe duftete an jenem Abend.

Paula Ludwig (1900–1974)

Mein Zauberberg

Weiß einen Wundergarten,
So wunderinnig schön,
Der Blumen alle Arten
Vielduftig darin steh'n.

Magnolia und Rosen,
Reseda und Vanille,
Die lieblichen Mimosen
Im bunten Farbenspiel.

Großäugige Penseen
Und schlanke Fuchsias,
Durchsicht'ge Azaleen,
Vom Morgentau noch nass.

Die alle wuchern, ranken
Und blühen Tag und Nacht,
Als gäb' es keine Schranken
Für ihre Blütenmacht.

Und aus des Gartens Mitte
Ein Zauberberg sich hebt;
Ich fühl' mit jedem Schritte
Mich dort wie neubelebt.

Es flüstern seine Buchen
Geheimnisvoll mir zu. –
Nie ging vergebens suchen
Ich oben Heil und Ruh!

Die Felsen singen Lieder,
Der Epheu wird Gedicht,
Die Tannen rauschen wieder,
Was die Ciclame spricht.

Es geht ein Summen, Brausen
Den ganzen Berg entlang,
Als würden Nymphen hausen
Mit Zithern und Gesang.

O du mein Berg der Lieder!
O du mein Feenreich!
Voll Gaben steig ich nieder,
Aus deinem Waldbereich!

Elisabeth von Österreich-Ungarn (1837–1898)

Dornen

Wir haben Rosen
gepflanzt
es wurden Dornen

Der Gärtner
tröstet uns
die Rosen schlafen
man muß auch
seine
Dornenzeit lieben

Rose Ausländer (1901–1988)

Der geheime Garten

Es war der schönste, mysteriöseste Ort, den man sich nur vorstellen konnte. Die hohen Mauern, die ihn umgaben, waren von den blattlosen Ranken der Kletterrosen bedeckt, die ein dichtes Flechtwerk bildeten. Mary Lennox wusste, dass es Rosen waren, weil sie viele davon in Indien gesehen hatte. Der Boden war von Gras in winterlichem Braun bedeckt, und aus diesem wuchsen Büsche, die sicher Rosenbüsche waren, wenn sie nur lebten.

Da gab es einige ganz normale Rosen, die ihre Zweige so ausbreiteten, dass sie eher an Bäume erinnerten. Es gab auch andere Bäume im Garten, und eines der seltsamsten und schönsten Dinge war, dass die Kletterrosen sie so überwuchert hatten, dass ihre Ranken wie leicht schaukelnde Vorhänge von ihnen herunterhingen. Hier und da hatten sie nacheinander oder nach einem ausladenden Ast gegriffen und sich so von einem Baum zum anderen bewegt, indem sie wunderschöne Brücken bildeten. Es waren weder Blätter noch Rosen an ihnen, und Mary wusste daher nicht, ob sie noch am Leben waren, doch ihre dünnen grau-braunen Zweige und Reise wirkten wie eine Art schemenhafter Mantel, der alles bedeckte: Mauern, Bäume und sogar das braune Gras, dort, wo sie sich aus ihren Befestigungen gelöst hatten und über den Boden liefen. Es war dieses schemenhafte Gewirr von Baum zu Baum, das alles so geheimnisvoll wirken ließ. Mary dachte, es müsste anders sein als bei anderen Gärten, die man sich nicht so lange selbst überlassen hatte; und tatsächlich war es ganz anders als jeder andere Ort, den sie je gesehen hatte.

Frances Hodgson Burnett (1849–1924), Der geheime Garten

In Deinem Garten

In Deinem Garten ist's so schön! Alle meine
Gedanken sind Bienen, sie kommen aus Deinem
duftenden Garten zum Fenster hereingeflogen,
das ich mir geöffnet habe, und setzen da ihren
Honig ab, den sie in Deinem blütenreichen
Garten gesammelt haben. – Und so spät es ist,
nach Mitternacht schon, so kommen sie doch
noch einzeln und umsummen mich und wecken
mich aus dem Schlaf; und die Bienen Deines
Gartens und die Bienen Deines Geistes summen
untereinander.

Bettina von Arnim (1785–1859), Goethes Briefwechsel mit einem Kinde

Nach dem Regen

Die Vögel zwitschern, die Mücken
Sie tanzen im Sonnenschein,
Tiefgrüne feuchte Reben
Gucken ins Fenster herein.

Die Tauben girren und kosen
Dort auf dem niedern Dach,
Im Garten jagen spielend
Die Buben den Mädeln nach.

Es knistert in den Büschen,
Es zieht durch die helle Luft
Das Klingen fallender Tropfen,
Der Sommerregenduft.

Ada Christen (1839–1901)

An meine Reseda

Du da im Putze grüner Blätter,
Dich schuf der gütigste der Götter
Gewiß allein, allein für mich:
Wer schützt für dich den kleinen Garten?
Wer weiß dich zärtlicher zu warten,
Zu lieben mehr, als ich?

Ja liebes Bäumchen, dich zu pflegen,
Mit frischer Erde zu belegen,
Und immer, wenn dir Saft gebricht,
Aus jenem Quellchen dich zu tränken
Und sorgsam stets an dich zu denken,
Ist meine süße Pflicht,

Und soll es bleiben; denn wie Schwestern
Rief uns der gute Himmel gestern,
Heißt morgen welken mich und dich, –
Und – wollen wir uns weiter messen,
Wer lebt, wer stirbt einst so vergessen,
Als, Bäumchen, du und ich? –

Karoline Rudolphi (1753–1811)

Schwertlilien

Das sind die Blumen, die wie Kirchen sind.
Ein Blick in sie hinein zwingt uns zu schweigen.
Wie Weihrauch fromm berauschend strömt ihr
  Duft,
Wenn wir uns zu der schönen Blüte neigen.

Sie sind wie Schmetterlinge dünn und zart.
Und wissen ihr Geheimnis doch zu hüten.
Es hellen goldne Kerzen sanft den Pfad
Ins Allerheiligste der Wunderblüten.

Francisca Stoecklin (1894–1931)

Garten

Mein wilder Wein singt rubinene Lieder.
Der braungoldne Abend wird blasser;
Draus träufen die Birken endlos hernieder
Wie springende Wasser.

Eine sanfte Hand malt mit dunklerm Getusch
Der Dahlie purpurnen Stern;
Goldraute lockert den schwebenden Busch,
Und die Bienen sind fern.

Das bebende Gras um meine Füße,
Gerne trät ich es nicht:
Verweint und kühl und voll Süße,
Ein Kindergesicht.

Die Beerensträucher wuchern, verrotten
Fahl und unform im Westen.
Schwerfällig lösen sich Bergamotten
Aus tragenden Ästen.

Die schwefelfarbige Rose erlischt,
Und große schwarztrauernde Frau
Steht eine Tanne am Himmel und fischt
Sterne im Grau.

Silberne Flosse zittert und blinkt
Um die Verdüsterte her.
Bläue rauscht, mein Garten versinkt,
Eiland, im Meer.

Gertrud Kolmar (1894–1943)

Lilienzauber

... Müde des Suchens und Wanderns, machte sie den Plan, hier in der Nähe, wo die wunderbarsten Tannenwälder rauschten, sich ein Heim zu bauen, um in der Einsamkeit das zu vergessen, was es doch nicht für sie gab. Philippinens Haus war bald gebaut. Es enthielt wenig Gemächer. Sein Hauptschmuck war ein großer Garten, den die Natur bereits hingezaubert hatte, wofern man unter einem solchen nicht nur englische Parkanlagen versteht. Ein klarer Bach teilte die schattigen Partien des Waldparks in zwei Hälften. An diesen Bach ließ Philippine tausende von Lilien setzen, so daß das blitzende Wasser von silbernen Zäunen eingefaßt schien. Der weiße Schimmer dieser göttlichen Blumen warf auf das Gesicht der hier viel Umherwandelnden seinen Abglanz der Schönheit. [...]

Maria Janitschek (1859–1927), Lilienzauber

Man ist dem Herzen Gottes nirgendwo näher als in einem Garten.

Dorothy Frances Gurney (1858–1932)

Der Sturm

Steht ein Rosenstrauch in deinem Garten
Und er ist noch gar nicht grün.
Und du kannst es kaum erwarten,
Daß die erste Knospe komme, zart und dünn,
Und daß sie verkünde neues Leben.
Wartest, wartest voller Angst und Beben,
Bis ein Morgen kommt – und sie ist da.

Und sie ist so fein und schlank und hell,
Ganz geschlossen noch und kaum gesehn
Und du möchtest, daß sie aufbricht, ganz,
   ganz schnell,
Da du weißt, wie rasch die zarten untergehn.
Doch es enteilt ein Tag und es enteilt ein zweiter
Und die Himmel werden blauer, werden weiter
Und die Knospe bricht nicht auf.

Und du weißt: Wenn jetzt ein Frost kommt,
   stirbt sie,
Stirbt und hat das Leben nicht gelebt.
Möchtest gerne helfen und weißt doch nicht wie,
Fürchtest sehr, daß nicht ein Wind sich hebt,
Der sie dir vom Stamme bricht –
In der Nacht, du schläfst und siehst es nicht,
Und sie ist bei Tag schon tot.

Kommt dann eine Nacht, und Stürme brausen
 um dein Haus,
Um dein Haus mit den verschloßnen Toren.
Und du bäumst dich auf und willst und willst
 hinaus
Und dir klingt's wie Wimmern in den Ohren.
Endlich bist du draußen – und du siehst den
 Rosenstrauch dir an –
Sieh – es ist die Knospe aufgebrochen.
Was die Sonne nicht vermocht' in langen
 Wochen,
hat ein einz'ger Sturm getan.

Selma Meerbaum-Eisinger (1924–1942)

Im dritten Garten

Von dem Kirchgarten führte eine hohe Treppe, über die das Wasser schäumend hinabstürzte, zum zweiten Garten, der rund war, mit regelmäßigen Blumenstücken ein großes Bassin umgab, in dem das Wasser sprang; hohe Pyramiden von Taxus umgaben das Bassin, sie waren mit purpurroten Beeren übersät, deren jede ein kristallhelles Harztröpfchen ausschwitzte; ich weiß noch alles, und dies besonders war meine Lieblingsfreude, die ersten Strahlen der Morgensonne in diesen Harzdiamanten sich spiegeln zu sehen.

Das Wasser lief aus dem Bassin unter der Erde bis zum Ende des runden Gartens und stürzte von da wieder eine hohe Treppe hinab in den dritten Garten, der den runden Garten ganz umzog und gerade so tief lag, daß die Wipfel seiner Bäume wie ein Meer den runden Garten umwogten. Es war so schön, wenn sie blühten, oder auch wenn die Äpfel und die Kirschen reiften und die vollen Äste herüberstreckten. Oft lag ich unter den Bäumen in der heißen Mittagssonne, und in der lautlosen Natur, wo sich kein Hälmchen regte, fiel die reife Frucht neben mir nieder ins hohe Gras; ich dachte: „Dich wird auch keiner finden!" Da streckte ich

die Hand aus nach dem goldnen Apfel und
berührte ihn mit meinen Lippen, damit er doch
nicht gar umsonst gewesen sein solle.

Bettina von Arnim (1785–1859),
Goethes Briefwechsel mit einem Kinde

Rosen

Es drängt mein Selbst, das blütenlose,
Voll Sehnsucht ewig nach der Rose,
Die schlank in blonde Lüfte taucht,
Und tiefe, süße Freude haucht!

Ich wollt' an ihrem Kelche singen,
Von Brisen, Tau und Schmetterlingen;
Und all das weite, bange Leben
Sollt' mich ein Rosenduft umschweben.

Lisa Baumfeld (1877–1897)

Im Garten

Hier harr ich des Lieben, dem ich mich versprach,
Gern will ich noch harren den übrigen Tag.
Zu eilig kann schaden – o Gott! das sey fern!
Fein langsam, mein Liebchen, ich warte ja gern.

Zwar schwanden die Blumen fast alle dahin,
Und Hecken und Bäume verwandeln ihr Grün;
Doch blau ist der Himmel – die Sonne so rein –
Wie können uns doch noch des Gartens erfreun.

Bald schaffst du zum Tempel der Liebe ihn um,
Schlingt fest sich mein Arm um den deinen herum.
Dann träum' ich mir Blumen und Blüthen voll Duft,
Und schmeichelnd umweht mich die herbstliche Luft.

Dort sprengt er heran! – Welche Wolk von Staub!
Mich schwindelt – ich zittre, wie um mich das Laub!
Zur Laube komm schnell! sie lädt flüsternd uns ein,
In ihrer Umschattung uns küssend zu freun!

Magdalene Philippine Engelhard (1756–1831)

Rosen beschatten
alle Hänge

... Rosen beschatten alle Hänge,
traumlos rieselt der Schlaf
von ihren bebenden Blättern ...

Sappho (630/12–um 570 v. Chr.), Gebet an Aphrodite

Mein Garten

Mein Garten – wie der Strand –
Zeigt an – es gibt ein Meer –
Den Sommer –
Perlen – schafft es sich
Wie diese – und wie mich.

Emily Dickinson (1830–1886)

Meine Gärten sind das Wichtigste überhaupt, und meine gesamte Zeit widme ich der Arbeit in dem einen oder anderen von ihnen, und wenn das Licht nicht mehr ausreicht, um die Pflanzen zu sehen, lese oder schreibe ich über sie.

Ellen Willmott (1858–1934)

An den Lorbeer

Ich liebe Dich – ich will's gestehen
Mehr als das erste Frühlingswehen,
Dein süßer Duft, der ewig währt –
Ist in der ganzen Welt geehrt –
Doch nicht des Siegeslorbeers Blatt –
Wer es empfängt, getötet hat –
Der schmale, schön gezackte ist's:
Du dunkelgrüner Lorbeer bist's.

Friederike Kempner (1836–1904)

An einen Baum am Spalier

Armer Baum! – an deiner kalten Mauer
Fest gebunden, stehst du traurig da,
Fühlest kaum den Zephir, der mit süßem Schauer
In den Blättern freier Bäume weilt
Und bei deinen leicht vorübereilt.
O! dein Anblick geht mir nah!
Und die bilderreiche Phantasie
Stellt mit ihrer flüchtigen Magie
Eine menschliche Gestalt schnell vor mich hin,
Die, auf ewig von dem freien Sinn
Der Natur entfernt, ein fremder Drang
Auch wie dich in steife Formen zwang.

Sophie Mereau (1770–1806)

Welch ein Vergnügen, abends in einem Winkel des Gartens vor sich hin zu träumen, den Flieder einzuatmen, den Nachtigallen zu lauschen.

George Sand (1804–1876)

Ornament

Bitteres Grün von Nesseln, die brennen.
Brennendes Hagebuttenrot,
Dessen Lockung Drosseln und Amseln erkennen:
Für uns warens Rosen, für sie ist es Brot.

Rosa rugosa streut Pfingstrosenduft
Von fast violetten Blütenblättern.
Ein Spinnwebfaden in goldener Luft,
Den Mücken umflirrn wie arabische Lettern.

Geheimnis arabischer Poesie:
Schreib von rechts nach links, lies von hinten nach vorn.
Alles ist Bild und alles Magie:
Die Blüten, die Früchte. Der Duft. Und der Dorn.

Eva Strittmatter (1930–2011)

Die Liebe zum Garten ist
ein Same, der, einmal gesät,
nie wieder stirbt, sondern
weiter und weiter wächst –
eine bleibende und immer
voller strömende Quelle der
Freude.

Gertrude Jekyll (1843–1932)

Zwei Gärten

Schwer von Jasminduft, weht aus dunklen Gärten
Der Mittagswind:
Ich denke euer, die ihr Spielgefährten
Mir wart als Kind.

Der Tulpenbaum mit grünen Blumenbechern,
Drin Nektar quillt,
Der gute Birnbaum, der uns kleinen Zechern
Die Hand gefüllt.

Vorüber eilt man scheu dem feuchten Grunde,
Wo moosbefleckt,
Dämonenbös mit schwarzem Schlangenmunde
Der Brunnen schreckt.

Ein Ton von Bienen, die den Honig mischen,
Summt überall
Unendlich klagt des Nachts aus Duftgebüschen
Die Nachtigall.

Ein Garten war, da blühten Georginen
Im Purpurflor
Und Sonnenblumen mit des Cherubs Mienen
Am offnen Tor.

Mohnpuppen kamen auch, die schön berockten,
Im grünen Schal,
Wenn die Holunderblütenküchlein lockten
Zu duftgem Mahl.

Der weiße Elefant verbarg im Grase
Sein Rosenohr,
Das rote Bällchen sich als Seifenblase
Im Blau verlor.

Es weht mich an, Erinnerungen trunken,
Der Mittagswind.
An alte Gärten denk ich, die versunken
Auf immer sind.

Ricarda Huch (1864–1947)

VERLAGSGRUPPE PATMOS

PATMOS
ESCHBACH
GRÜNEWALD
THORBECKE
SCHWABEN

Die Verlagsgruppe
mit Sinn für das Leben

TEXTNACHWEIS:

S. 4: aus: Eva Strittmatter. Sämtliche Gedichte © Aufbau Verlag GmbH & Co. KG, Berlin 2006 (Das Gedicht erschien erstmals 1980 in E. S.: Zwiegespräch. Gedichte, im Aufbau-Verlag; Aufbau ist eine Marke der Aufbau Verlag GmbH & Co. KG);
S. 8: Elizabeth von Arnim, Elizabeth und ihr Garten. Aus dem Englischen von Adelheid Dormagen. © der deutschen Übersetzung beim Insel Verlag Frankfurt am Main 1987;
S. 14: Paula Ludwig, Gedichte. Gesamtausgabe, Verlag C.H. Beck, vormals Langewiesche-Brandt.
S. 19: Rose Ausländer, Dornen. Aus: dies., Und preise die kühlende Liebe der Luft. Gedichte 1983–1987. © S. Fischer Verlag GmbH, Frankfurt am Main 1988.
S. 30: »Garten«, aus: Gertrud Kolmar, Das lyrische Werk. Alle Rechte vorbehalten durch Suhrkamp Verlag Berlin;
S. 59: aus: Eva Strittmatter: Sämtliche Gedichte © Aufbau Verlag GmbH & Co. KG, Berlin 2006 (dieses Gedicht erschienen erstmals 1977 in E. Strittmatter: Die eine Rose überwältigt alles im Aufbau Verlag; Aufbau ist eine Marke der Aufbau Verlag GmbH & Co. KG;
S. 62: © Erbengemeinschaft Alexander Böhm, Rockenberg.

BILDNACHWEIS:

S. 5, 7, 33, 34/35, 37, 45, 46, 57: © mauritius images / Garden World images; S. 9, 40/41: © mauritius images / age; S. 12/13, 26/27: © mauritius images / Photononstop; S. 15: © mauritius images / Visions Pictures; S. 18: © mauritius images / BY; S. 23: © mauritius images / Harald Lange; S. 29: © mauritius images / imagebroker / Bernd Zoller; S. 49: © mauritius images / Red Cover; S. 51, 53, 61: © mauritius images / Harpur Garden images; S. 58: © mauritius images / imagebroker / Justus de Cuveland.

MIX
Papier aus verantwortungsvollen Quellen
FSC® C004592

Für die Schwabenverlag AG ist Nachhaltigkeit ein wichtiger Maßstab ihres Handelns. Wir achten daher auf den Einsatz umweltschonender Ressourcen und Materialien. Dieses Buch wurde auf FSC®-zertifiziertem Papier gedruckt. FSC (Forest Stewardship Council®) ist eine nicht staatliche, gemeinnützige Organisation, die sich für eine ökologische und sozial verantwortliche Nutzung der Wälder unserer Erde einsetzt.
Alle Rechte vorbehalten

Gestaltung: Finken & Bumiller, Stuttgart, Chandima Soysa
Illustrationen: Chandima Soysa
Druck: Firmengruppe APPL, Wemding
Hergestellt in Deutschland
ISBN 978-3-7995-0778-3